AF586753

USINE

ÉMILE-PUZENAT

BOURBON-LANCY

COMPTE-RENDU

De la Journée du 15 Août 1893

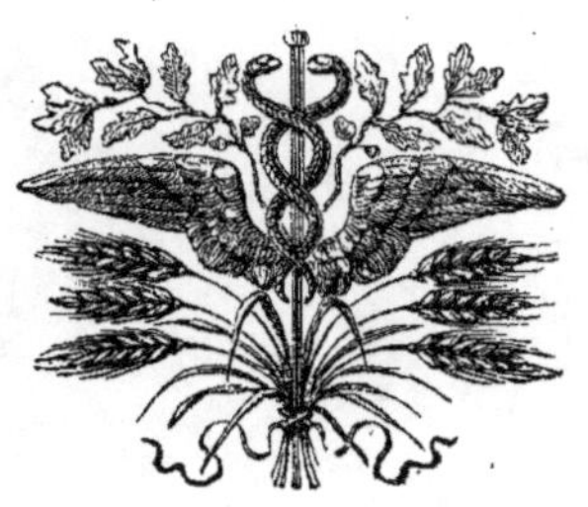

ORLÉANS

IMPRIMERIE DE G. JACOB, P. PIGELET, SUCCESSEUR
8, RUE SAINT-ÉTIENNE, 8

1893

USINE

ÉMILE-PUZENAT

BOURBON-LANCY

COMPTE-RENDU

De la Journée du 15 Août 1893

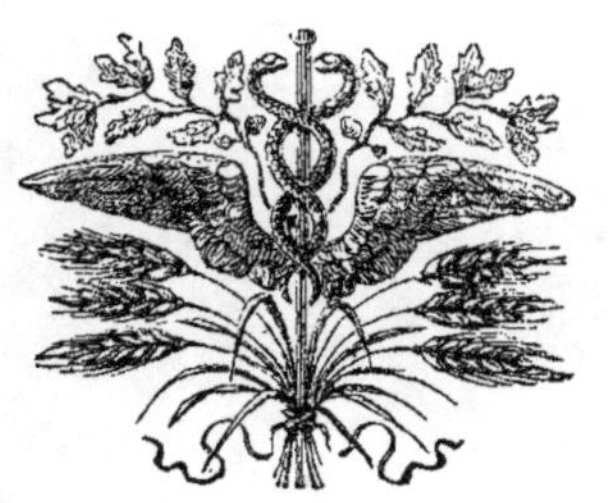

ORLÉANS

IMPRIMERIE DE G. JACOB, P. PIGELET, Successeur

8, RUE SAINT-ÉTIENNE, 8

—

1893

USINE ÉMILE-PUZENAT

BOURBON-LANCY

COMPTE-RENDU

De la Journée du 15 Août 1893

Sur la liste des décorations, dans l'ordre de la Légion-d'Honneur, publiée par le *Journal officiel* du 14 juillet 1893, figurait, dans la section du Ministère d'Agriculture, M. ÉMILE-PUZENAT, et son nom était suivi des lignes ci-après :

« Constructeur de machines agricoles à Bourbon-
« Lancy (Saône-et-Loire). A créé une importante
« maison de construction d'Instruments Agricoles.
« A puissamment contribué par ses inventions et
« ses perfectionnements, ainsi que par des subven-
« tions personnelles, à la transformation du mode
« de culture et à la reconstitution des vignobles. —
« Nombreux premiers prix ; 25 ans de pratique
« industrielle. »

Déjà, M. ÉMILE-PUZENAT était chevalier du Mérite Agricole depuis le mois de décembre 1883 et officier de ce même ordre depuis le mois de juin 1888.

M. ÉMILE-PUZENAT est le fils de ses œuvres ; il n'a pas trouvé la voie toute tracée devant lui pour marcher, il a dû se frayer sa route.

Le premier, il a créé, dans son pays, à Bourbon-Lancy, la plus belle, la plus prospère et la plus importante industrie des machines agricoles qui soit connue en France et à l'étranger.

La réputation des machines de M. Émile-Puzenat est si grande, et la supériorité de sa fabrication s'impose tellement, qu'il a remporté une quantité innombrable de récompenses, comprenant, notamment : des premiers prix, des médailles d'or et des diplômes, tant dans les Concours régionaux spéciaux, officiels, que dans les Expositions internationales.

Il ne compte pas moins de neuf brevets pour les divers modèles qu'il a créés ou perfectionnés.

M. Émile-Puzenat s'est établi, à Bourbon-Lancy, à l'âge de dix-huit ans, vers l'année 1862 ; il a travaillé pendant longtemps avec un ou deux ouvriers. Dès le début, il déployait, dans l'exercice de sa profession, une activité et une intelligence telles, que les clients venaient de tous côtés et qu'on pouvait déjà présager l'avenir.

En 1873, il inventa une herse articulée, pour laquelle il prit un brevet. Cette herse, destinée à émietter, niveler et ameublir le sol, ainsi qu'à recouvrir les semences, fut le point de départ de ses succès et de sa fortune en même temps. Elle est établie d'une manière très ingénieuse et avec de rares perfectionnements ; sa découverte opéra une véritable révolution dans le monde de l'industrie, aussi arriva-t-elle rapidement à remplacer les herses fabriquées en Angleterre, qui étaient les seules connues, et à être de préférence adoptée par tous nos Agriculteurs.

A la suite de cette première invention, qui lui valut un premier prix au Concours régional de Mâcon, le nom de M. Émile-Puzenat était connu, et il n'avait plus qu'à marcher devant lui pour arriver au succès.

Il ne se fit pas attendre ; à l'Exposition universelle de 1878, il obtint le premier prix pour ses herses.

Devant le développement considérable que

prenait sa fabrication, à partir de cette époque, M. Émile-Puzenat dut songer à faire agrandir ses ateliers et à transformer son mode de travail. C'est à ce moment qu'il imagina de façonner de simples manœuvres du pays, qui n'y étaient pas habitués, à travailler le fer, au moyen d'outillages spéciaux qu'il inventa, afin de créer autour de lui un noyau d'ouvriers sur lesquels il pouvait compter.

Ce fut là, évidemment, une des plus grandes difficultés de la tâche de M. Puzenat.

Ses ateliers, depuis ce moment, ont pris une importance considérable, il fabrique aujourd'hui non seulement des herses, mais des râteaux à cheval, des faneuses, des charrues, des extirpateurs, des charrues et houes à vigne, des pressoirs, etc., etc., en un mot tous les instruments agricoles et viticoles, quels qu'ils soient. Son usine est, sans contredit, la plus importante de France, bien qu'il occupe un nombre restreint d'ouvriers, — 75 environ.

Il expédie ses produits dans le monde entier.

Des hommes comme M. Émile-Puzenat, qui, à force d'activité, d'intelligence et d'énergie, sont utiles à l'industrie, des hommes comme lui, dont l'exemple ne peut provoquer qu'une noble émulation chez tous, méritent d'être récompensés pour les services qu'ils ont rendus.

C'est pourquoi M. Émile-Puzenat a été promu chevalier de la Légion-d'Honneur.

A l'occasion de cette flatteuse distinction, les félicitations lui sont arrivées de toutes parts et en très grand nombre.

Beaucoup étaient inspirées par la courtoisie ou par des relations d'amitié ; ces témoignages de sympathie touchent toujours, et on ne saurait trop en tenir compte. Mais les éloges qui avaient le plus de prix, et qui n'étaient dictés que par l'unique désir de rendre hommage à la vérité, émanaient de ceux qui font partie, comme lui, de la grande famille industrielle, des Agriculteurs, des Constructeurs, des concurrents d'hier, des Ingénieurs des Arts et Manufactures, des Professeurs d'Agriculture, des Directeurs d'École d'Agriculture, des Agronomes, des Clients connus et inconnus, qui avaient pu apprécier la supériorité de ses machines.

M. Émile-Puzenat a voulu associer ses ouvriers dans une certaine mesure à la récompense dont il était l'objet.

Le 15 août 1893, à dix heures du matin, il leur a distribué à chacun une importante somme d'argent, à titre de gratification, proportionnellement à leur ancienneté, et il leur a adressé l'allocution suivante avant de procéder à cette distribution :

Chers Collaborateurs,

En souvenir de la haute distinction que vient de me conférer le Gouvernement de la République, en m'élevant au grade de chevalier de la Légion-d'Honneur, je suis heureux de donner, à chacun de vous, une gratification proportionnée à son ancienneté dans la maison.

C'est une récompense que vous avez bien méritée; je vous l'offre comme témoignage de ma reconnaissance.

L'honneur de cette croix revient à nous tous, à vous comme à moi, car vous m'avez aidé dans la construction de toutes nos machines, qui ont fait de nos ateliers les premiers de France et dont la réputation est désormais universelle.

Si je vous ai dirigés, vous avez exécuté.

Au déjeûner de ce matin, pendant lequel nous serons assis les uns à côté des autres, nous boirons tous à nos bonnes santés et à nos succès futurs. Nous porterons un toast au Président de la République, M. Carnot; à M. Viger, Ministre de l'agriculture; à M. le Préfet et à M. le Sous-Préfet de Charolles; à M. Sarrien, notre sympathique député; à notre dévoué Maire, M. Michel Sarrien; à MM. les membres du Conseil municipal, mes amis et collègues; à toute la fanfare qui prête si gracieusement son concours à cette fête de famille, ainsi qu'à tous les amis qui m'auront fait le plaisir d'assister à ce banquet.

Maintenant, je dois vous remercier tous et vous engager à continuer à travailler courageusement, de façon à marcher dans la voie du progrès, pour maintenir et élever encore, s'il est possible, la bonne réputation dont jouissent nos ateliers.

Je suis heureux de profiter de cette occasion pour vous présenter mon fils, qui vient de finir ses études à l'École Centrale et qui a obtenu son diplôme d'ingénieur des Arts et Manufactures. Dès maintenant il sera votre ingénieur, il travaillera et aidera son père à diriger les travaux, et à continuer ainsi l'œuvre qu'il a créée et développée avec vous. J'espère qu'il peut compter sur vous comme j'ai compté moi-même sur votre dévoûment.

A midi, un banquet offert par M. Émile-Puzenat, pour perpétuer la souvenir d'une pareille journée, à tous les ouvriers de l'usine, au Conseil municipal de Bourbon-Lancy dont il est membre, à la société philharmonique dont il est vice-président, aux membres de sa famille et à ses amis, est organisé sous une vaste tente, dressée dans la cour de la maison, au-devant des ateliers.

Plus de 170 convives prennent place autour des tables. M. Émile-Puzenat préside, ayant à sa droite M. Ferdinand Sarrien, député, et à sa gauche M. le Maire de Bourbon-Lancy.

M. Viellard, chargé du service, s'est très bien acquitté de sa tâche, et une véritable cordialité n'a cessé de régner ; pendant le repas, la Société philharmonique, qui venait de remporter, la veille, de brillants succès au concours de Montluçon, a bien voulu jouer la *Marseillaise* et plusieurs morceaux de son répertoire.

Au dessert, M. Sarrien, député, délégué par M. le Grand-Chancelier de la Légion-d'Honneur, s'est levé et s'est exprimé en ces termes :

Messieurs,

En conférant à M. Émile Puzenat la haute distinction de Chevalier de la Légion-d'Honneur, le Gouvernement républicain a voulu honorer et récompenser l'homme qui, par son initiative, son intelligence, son activité, a créé, dans notre pays, une grande industrie, qui prospère chaque jour de plus en plus, et qui fait vivre un grand nombre de familles d'ouvriers.

En donnant à M. Émile-Puzenat la décoration de la Légion-d'Honneur, le Gouvernement républicain a voulu, en même temps, honorer et récompenser ces ouvriers, que nous connaissons et que nous estimons tous, durs à la peine, et dont le travail et l'habileté a assuré le succès des produits de la maison Puzenat et lui a permis de lutter victorieusement, non seulement en France, mais à l'étranger, contre nos voisins et nos rivaux les Anglais qui, pour certains instruments agricoles, étaient les maîtres exclusifs du marché français.

Le Gouvernement républicain honore et récompense le mérite, sous toutes ses formes, partout où il le rencontre.

M. Puzenat est vraiment le fils de ses œuvres ; ses débuts, qui ne remontent point à une date éloignée, ont été très modestes.

Il a commencé à travailler seul ou presque seul avec un ou deux ouvriers et avec un faible capital ; aujourd'hui, il est le chef respecté d'une grande maison, ses ateliers sont occupés par un nombreux personnel, qui vit de son industrie.

A notre gare, sur notre ligne de chemin de fer, nous voyons de nombreux wagons, chargés de ses marchandises, les emporter dans tous les pays du monde.

Il a fait sa fortune en travaillant par un labeur obstiné et persévérant ; mais, en même temps, il augmente et développe la fortune de son pays, le patrimoine commun de la nation.

Honneur donc à M. Émile Puzenat ! Honneur à ses ouvriers, les compagnons de ses travaux, les instruments de son succès !

Au nom du Président de la République et en vertu des pouvoirs qui m'ont été conférés par M. le Grand-Chancelier de la Légion-d'Honneur, je fais M. Émile-Puzenat Chevalier de la Légion-d'Honneur, et je lui donne l'accolade.

Vous me permettrez, en même temps, de remercier la fanfare de Bourbon-Lancy qui, elle aussi, vient d'accroître par ses succès le bon renom de notre cité et de lui adresser en votre nom à tous nos félicitations et nos éloges.

Cette émouvante allocution est vivement applaudie.

M. Michel Sarrien, maire de Bourbon-Lancy,

prend à son tour la parole, au nom du Conseil municipal.

MESDAMES, MESSIEURS,

Le sentiment qui préside à cette fête, a-t-il dit, c'est la satisfaction que nous cause la haute distinction décernée par le Gouvernement de la République, à notre compatriote, notre ami, M. Émile-Puzenat.

Les uns s'illustrent sur les champs de bataille, comme Marceau et Hoche ; à la tribune française, comme Gambetta ; dans les lettres, comme Victor Hugo et Lamartine ; dans les sciences, enfin, comme nos grands inventeurs des temps modernes.

M. Émile Puzenat, lui, dans sa modeste sphère, a contribué puissamment à donner l'essor au commerce et à l'industrie française, par le développement apporté dans la construction et la fabrication des machines agricoles.

A ce banquet, offert à ses ouvriers, qui ont, eux aussi, leur part dans cette croix de la Légion-d'Honneur et qui sont ses auxiliaires dévoués, ses intelligents collaborateurs, qui sont, eux, les bras qui exécutent, s'il est la tête qui dirige, il a voulu y faire asseoir aussi :

Le Conseil municipal républicain de Bourbon-Lancy, dont il est membre ;

La Société philharmonique de cette ville, dont il est le vice-président ;

Tous ses amis, enfin.

Buvons donc, Mesdames et Messieurs,

A M. Puzenat, notre distingué compatriote ;

A Madame Puzenat, la compagne de sa vie, dont tous les ouvriers attestent et la douceur et la bonté ;

A leurs enfants, et plus spécialement à M. Claudien, qui revient aux côtés de son père, après avoir obtenu, sortant de l'École Centrale, le diplôme d'Ingénieur !

A leur santé à tous !

Des bravos soulignent les paroles de M. le Maire.

Puis, au nom des amis de M. ÉMILE-PUZENAT, M. GEORGES DAUX, avoué à Charolles, présent au banquet, lui porte un toast en ces termes :

Cher Monsieur,

Je cède aux instances des nombreux amis qui sont ici, et au plaisir que j'éprouve moi-même, pour exprimer les sentiments avec lesquels nous sommes venus assister à cette fête de famille.

Votre promotion dans la Légion-d'Honneur devait être l'occasion d'une fête, les membres de votre famille, vos collaborateurs, tous vos ouvriers qui sont assis à côté de vous, ainsi que vos amis, ont voulu la célébrer.

Vous n'avez pas à être ému, cher Monsieur, d'une résolution qu'inspirait une pensée unanime, votre réserve doit se résigner devant une nouveauté qui permet à chacun de nous de vous féliciter.

Vos amis saluent et remercient en vous le compatriote dont la vie entière a été consacrée au travail et au culte du bien. Ils s'honorent des succès que, depuis près de vingt ans, ils ont chaque jour admirés et applaudis. « L'éclat des mérites et de la gloire des hommes illustres rejaillit sur tous nos concitoyens », disait l'orateur latin.

Les habitants de Bourbon-Lancy ne sont-ils pas fiers de leur député ? fiers des hautes situations qu'il a occupées et de l'influence qu'il exerce dans le parlement ?

C'est pourquoi je disais que vos amis s'honoraient de vos succès.

Les hommes de votre caractère, cher Monsieur, n'acceptent pas facilement les éloges. Ils dédaignent une monnaie prodiguée, usée tous les jours et partout falsifiée. Rassurez-vous contre les louanges, en vous rappelant que notre amitié est sincère. Elle ne dit que ce qu'elle pense ; mais elle dit tout ce qu'elle pense, si bien que personne ici ne me pardonnerait de garder le silence sur la vérité.

La simple vérité d'ailleurs suffit pour vous louer.

La vérité, cher Monsieur, il faut la subir, écoutez-la.

Vos compatriotes sont contents de vous. Vous êtes le fils de vos œuvres, l'artisan de votre propre fortune, vous êtes arrivé graduellement par la sagesse de l'esprit, par l'intelligence, par la rectitude de la conduite au premier rang de votre profession.

Nos félicitations vous sont bien dues pour l'exemple public que vous avez donné, de ce qu'un homme, livré à ses seules forces, à sa seule initiative, sans soutien, sans relations, est capable de faire, avec une persévérante énergie, pour les progrès de l'industrie, pour l'honneur de notre travail national et, naturellement, surtout dans une démocratie, quand un homme s'est élevé par lui-même, il y a une auréole de considération qui l'entoure.

On ne peut trop admirer chez vous la sûreté de jugement, l'esprit qui vous a guidé et le sens pratique qui vous a servi.

Vous avez multiplié les essais et les expériences avec une opiniâtreté que rien ne décourage.

Vous êtes un de ces grands ouvriers, un de ces courageux inventeurs qui, après avoir scruté la nature et l'action de ses forces inanimées, ont su utiliser leurs découvertes. Votre place est marquée au milieu des hommes utiles.

C'est dans la première moitié de ce siècle que commence à poindre l'industrie moderne, cette industrie qui n'a pas d'analogie dans le passé.

L'industrie dans le passé, c'est l'industrie que nous pouvons voir dans les campagnes : un maréchal-ferrant, qui a un ou deux garçons pour l'aider, un mercier, un marchand de toile, qui a sa femme ou un commis sous ses ordres, un épicier et quelques autres petits métiers, voilà tout.

Autre chose est l'industrie moderne, c'est d'abord la machine qui change les conditions du travail ; puis arrivent la vapeur, l'électricité, qui ont amené ces transformations extraordinaires qui ont renouvelé la face de la société.

Ici, à Bourbon-Lancy même, dans cette petite ville de 4,000 habitants, c'est une industrie toute nouvelle que vous avez créée, l'industrie des machines agricoles. Ignorée avant vous, vous l'avez fait connaître dans le monde entier. Vous exportez les produits de votre fabrication, non seulement en France et en Europe, mais en Amérique et jusque dans le fond des Indes.

C'est vers l'année 1874, si je ne me trompe, que vous avez livré votre première bataille.

Après un premier succès qui vous porta bonheur, puisqu'il fut le point de départ d'une prospérité rapide et toujours croissante, puissamment armé pour la lutte, vous marchez en avant.

Vous ne comptez plus, dès lors, que des bulletins de victoire. Dans chaque concours, les médailles s'ajoutent aux médailles, les prix s'entassent sur les prix et vous vous endormez sur de nouveaux triomphes.

Aussi le Gouvernement de la République, en présence d'une vaste entreprise, créée, développée, élevée à un si haut point, écoutant, devançant même les vœux de l'opinion, ne pouvait manquer de distinguer votre valeur personnelle et de consacrer d'une manière éclatante le succès de vos inventions.

Mais le plus bel éloge qu'on puisse vous adresser ne vaut pas la satisfaction si honorable et si légitime que vous éprouvez aujourd'hui à contempler le résultat de vos efforts.

Je crois répondre à vos pensées les plus chères en reportant une part d'honneur, dans les commencements austères de votre vie, à la digne compagne, capable de tous les dévoûments, qui, en se réservant le soin et la direction du ménage, s'associa par la plus délicate et la plus discrète des collaborations à l'infinie variété de vos recherches et vous allégea souvent le poids du labeur quotidien.

C'est à cette douce et puissante influence que vous avez dû une grande part de vos succès.

Madame Puzenat méritait d'être nommée à côté de vous, le jour où celui dont elle a partagé les joies et les peines, dont elle entrevoyait les espérances, reçoit la plus haute récompense qu'il puisse ambitionner.

Avec elle, tous, nous sommes heureux de voir briller sur votre poitrine la croix de la Légion-d'Honneur.

Devant vos enfants, fiers de vous appartenir, devant votre fils aîné, que l'École Centrale vient de vous rendre hier avec le diplôme d'ingénieur, et qui occupera dignement un jour votre place dans la grande famille industrielle,

Je propose à tous les convives de boire à M. Émile Puzenat, Chevalier de la Légion-d'Honneur, à ses longs jours, au bonheur dont il est digne.

Tous les convives se sont associés à ces paroles par leurs applaudissements.

M. Émile-Puzenat, sous le coup d'une émotion facile à comprendre, se lève enfin et adresse ses remerciements, ainsi qu'il suit :

Mesdames, Messieurs,

Je vous remercie tous d'avoir bien voulu assister à cette fête.

Je suis très touché de cette marque de sympathie, que ma famille et moi ne sauraient oublier.

Je remercie tout particulièrement M. Sarrien, notre sympathique député, délégué de la Grande-Chancellerie, pour m'avoir remis avec autant d'amitié, de compliments et de félicitations la croix de la Légion-d'Honneur.

Ces nobles paroles, qui viennent de m'être adressées, sont pour moi un précieux souvenir.

La bienveillance exceptionnelle, ainsi que tous les éloges dont je suis comblé, me sont d'autant plus sensibles, qu'ils émanent d'un homme de bien digne à tous égards.

Si, pour ma part, j'ai illustré mon pays natal par la réputation que je me suis faite, par mon travail dans le monde entier, et si je lui ai rendu des services, ainsi qu'à l'agriculture, tout cela est bien peu à côté des innombrables services rendus par notre très honoré député, M. Sarrien, l'homme juste, bon, dévoué, exact, travailleur, ne conseillant toujours que le bien, n'ayant qu'un désir, celui d'être utile à tous, aux pauvres comme aux riches, sans distinction aucune, même de partis.

Ah ! je comprends, Mesdames et Messieurs, que le pays tout entier puisse être fier de posséder un homme doué d'un si grand talent, aussi dévoué, aussi digne.

Je le répète, j'ai été heureux de recevoir de ses mains la croix de la Légion-d'Honneur.

Je remercie aussi M. le Préfet de Saône-et-Loire, qui serait également ici aujourd'hui si ses occupations multiples en ce moment le lui avaient permis, cela nous aurait été d'autant plus agréable, que M. le Préfet s'intéresse d'une manière exceptionnelle à l'agriculture et à la viticulture et qu'il suit avec beaucoup d'attention nos concours agricoles, et en particulier notre Comice agricole de Bourbon-Lancy.

Je remercie bien sincèrement M. Michel Sarrien, notre maire bien dévoué et très sympathique, pour les aimables félicitations dont il me comble.

J'adresse mes bien sincères remercîments à notre bon ami M. Alfred Delan, qui a bien voulu assister à cette fête, ce qui est pour moi une nouvelle preuve de sa bonne et sincère amitié.

Je remercie aussi M. Daux des paroles toutes sympathiques qu'il vient de m'adresser, je lui en suis reconnaissant.

Je ne vous oublie pas non plus, mes chers collaborateurs, et je viens publiquement vous remercier tous de m'avoir aidé à accomplir mon œuvre, qui est aussi la vôtre, de votre dévoûment et de votre attachement pour moi, qui ont fait de nos ateliers les premiers et les plus renommés de France et dont la réputation est désormais universelle.

C'est à vous, mes chers amis, que revient l'honneur de cette croix, car c'est le couronnement de notre travail à tous.

N'oubliez pas non plus que c'est un nouvel encouragement pour l'avenir.

Pour compléter cette fête inoubliable, j'ai le plaisir de vous présenter mon fils aîné, qui vient de finir ses études à l'École Centrale de Paris et en sort avec le diplôme d'ingénieur des Arts et Manufactures dans un bon rang.

A partir de ce jour, il sera votre ingénieur, travaillera avec moi et m'aidera à diriger les travaux de vos ateliers.

C'est ainsi que nous pourrons donner une nouvelle extension à notre usine, aux machines que nous fabriquons et avancer de plus en plus dans la voie du progrès.

Je vous recommande donc, dès aujourd'hui, mes chers amis, d'avoir pour mon fils la même sollicitude, les mêmes sentiments d'obéissance et de respect que vous avez eus pour moi, ce dont je vous remercie et vous suis reconnaissant.

MESDAMES ET MESSIEURS,

Permettez-moi de porter un toast au Président de la République, M. Carnot ; à M. Viger, Ministre de l'Agriculture ; à M. le Préfet de Saône-et-Loire ; à notre sympathique député, M. Ferdinand Sarrien ; à M. Michel Sarrien, notre dévoué maire ; à tous les membres du Conseil municipal, mes amis et collègues ; à toute la fanfare et son conseil d'administration, qui nous prêtent si gracieusement leur concours et qui rehaussent l'éclat de cette fête.

Nous la félicitons aussi des grands succès qu'elle vient d'obtenir à Montluçon, et pour ma part, comme son vice-président, je la prie de vouloir bien accepter la somme de 100 fr., autant pour son succès qu'en souvenir de notre réunion tout amicale d'aujourd'hui.

A tous mes parents, amis et connaissances qui ont bien voulu se rendre à mon invitation, sans oublier mes bons métayers, fermiers et vignerons qui se sont fait un devoir d'assister à cette fête, je porte à vous tous, à mes chers collaborateurs, un toast d'amitié, et en particulier à M. Laurent Bonniaud, notre dévoué et sympathique contre-maître.

Ces paroles ont été très agréablement accueillies.

M. LAURENT BONNIAUD, contre-maître de l'usine, vint au nom des ouvriers féliciter M. ÉMILE-PUZENAT.

Il parla ainsi :

Permettez-moi, cher Monsieur, au nom de tout le personnel de l'usine, de vous exprimer notre profonde reconnaissance pour les bonnes paroles que nous venons d'entendre et de vous remercier sincèrement des gratifications que vous nous avez offertes si généreusement. Croyez, cher patron, que, comme par le passé nous travaillerons toujours dans le même esprit de corps, pour élever de plus en plus la vieille et bonne réputation de la maison Émile-Puzenat.

Nous profitons de cette occasion pour adresser nos sincères félicitations à M. Claudien, qui vient de sortir de l'École Centrale avec son diplôme d'ingénieur des Arts et Manufactures.

M. Alfred Delan, percepteur à Taverny (Seine-et-Oise, un vieil ami de M. Puzenat, lui adresse ces quelques paroles :

Mon cher ami,

Vous me remerciez d'être venu à votre fête de famille ; c'est moi qui vous remercie de m'y avoir convié. Je suis d'autant plus heureux d'avoir fait tout exprès le voyage de Paris, que cela m'a permis de constater les liens de solidarité qui nous unissent et d'apprécier les bienfaits de la Révolution de 1789, dont nous sommes tous les enfants ici, et qui nous a donné la liberté, l'égalité et la fraternité.

Je profite aussi de cette circonstance pour adresser toutes mes sincères félicitations à votre cher fils, M. Claudien, qui vient de remporter un si grand succès à l'École Centrale, succès dont vous devez être fier à tous les titres.

Votre fils servira d'exemple à ses compatriotes pour l'avenir, et sa vie, toute de travail, sera une leçon pour ces fils de familles, qui ne savent comment occuper leur temps, et qui deviennent, par suite, des hommes inutiles à la société.

Je bois, mon cher ami, à votre santé, à celle de votre digne épouse, Madame Puzenat, à vos enfants, à vos parents, à mon ami, M. Ferdinand Sarrien, votre député, au Conseil municipal de Bourbon-Lancy, à la fanfare et à la République.

M. Bruner, membre du Conseil d'administration de la Société Philharmonique, a remercié M. Émile-Puzenat, pour le don qu'il avait offert à cette société ; voici comment il s'est exprimé :

Cher Monsieur,

La Société philharmonique de Bourbon-Lancy vous remercie de l'honneur que vous lui avez fait en ce jour, en l'invitant à ce banquet ; elle remercie en même temps M. Claudien Puzenat d'avoir bien voulu l'accompagner au concours de Montluçon, d'où elle a remporté les médailles que vous voyez suspendues à sa bannière.

J'invite tous les exécutants à lever leur verre en l'honneur de M. Puzenat, Chevalier de la Légion-d'Honneur, qui vient de donner une somme de 100 fr. pour notre caisse, et buvons à la prospérité de sa maison.

M. Claudien Puzenat, qui n'avait pas été oublié dans cette fête et qui avait eu sa part d'éloges pour ses récents succès, a remercié les convives de la manière suivante :

Mesdames et Messieurs,

Après les discours qui ont été prononcés, je crois ne devoir rien ajouter.

Cependant, il m'incombe la douce tâche de vous remercier très sincèrement d'avoir répondu d'une façon aussi cordiale à cette fête de famille et de remercier aussi en particulier les personnes qui, dans leurs discours, ont adressé à mon père et à moi personnellement les paroles aussi élogieuses que nous venons d'entendre.

Laissez-moi porter un toast, Mesdames et Messieurs, à chacun de vous en particulier, et un toast à notre pays de Bourbon-Lancy.

La série des discours terminée, les assistants se sont séparés et ont emporté le meilleur souvenir de cette fête si touchante qu'on voyait pour la première fois à Bourbon-Lancy.

www.ingramcontent.com/pod-product-compliance
Lightning Source LLC
LaVergne TN
LVHW052035160826
845678LV00003B/1364

* 9 7 8 2 3 2 9 6 3 5 4 5 3 *